实训一

材料费用的归集和分配

实训资料

亚丰公司设有三个基本生产车间，即铸造车间、机械加工车间和装配车间，顺序加工生产甲产品和乙产品；并设有两个辅助车间，即机修车间和配电车间，机修车间负责对全厂机器设备的维修，配电车间接受外来电源，负责供给和记录全厂各部门的用电及电器的维修。辅助生产车间所发生的费用均计入“辅助生产成本”账户，不单独设置“制造费用”账户。原材料按实际成本计价核算，采用先进先出法计算发出材料的实际成本。20××年9月相关资料如表1-1～表1-3所示。

表1-1　　产量情况记录表　　单位：件

项目	铸造车间		机械加工车间		装配车间	
	甲产品	乙产品	甲产品	乙产品	甲产品	乙产品
月初在产品	12	10	14	15	10	10
本月投产	40	20	42	24	46	30
本月完工	42	24	46	30	48	35
月末在产品	10	6	10	9	8	5

表1-2　　工时定额表　　单位：小时

车间 产品	铸造车间	机械加工车间	装配车间	合计
甲产品	3 000	6 500	4 000	13 500
乙产品	2 000	2 500	3 000	7 500
合计	5 000	9 000	7 000	21 000

表 1-3　　产品物资单位消耗定额表

车间 / 产品	铸造车间（A 材料）（吨）	机械加工车间（B 材料）（吨）	装配车间（E 材料）（千克）	机械加工车间、装配车间（F 材料）（千克）
甲产品	1 000	500	5	20
乙产品	500	300	5	15
合计	1 500	800	10	35

亚丰公司主要原材料明细分类账期初余额如表 1-4 所示。

表 1-4　　“原材料”明细分类账户期初余额

明细账户	材料编号	计量单位	结存数量	单价（元）	结存金额（元）
A 材料	101#	吨	80	2 350	188 000
B 材料	102#	吨	90	3 000	270 000
C 材料	111#	吨	25	500	12 500
D 材料	112#	吨	30	180	5 400
E 材料	201#	千克	120	12	1 440
F 材料	301#	千克	400	8	3 200
合计					480 540

亚丰公司各部门 9 月份领料单如表 1-5～表 1-14 所示。

表 1-5　　领料单

领料部门：铸造车间　　日期：20××年 9 月 1 日　　领料单号：001

材料编号	材料名称	规格	单位	请领数量	实发数量	价格（元）	
						单价	金额
101#	A 材料		吨	45	45	2 350	105 750
用途	甲产品 乙产品			领料人	张鹏	发料人	李默

表 1-6　　领料单

领料部门：铸造车间　　日期：20××年 9 月 1 日　　领料单号：002

材料编号	材料名称	规格	单位	请领数量	实发数量	价格（元）	
						单价	金额
111#	C 材料		吨	17	17	500	8 500
用途	甲产品 乙产品			领料人	张鹏	发料人	李默

表 1-7　　领料单

领料部门：铸造车间　　日期：20××年 9 月 1 日　　领料单号：003

材料编号	材料名称	规格	单位	请领数量	实发数量	价格（元）	
						单价	金额
112#	D 材料		吨	20	20	180	3 600
用途	甲产品 乙产品			领料人	张鹏	发料人	李默

工业和信息化高职高专“十三五”规划教材立项项目

◎ 张聪慧 姚长佳 董恒英 主编 ◎ 唐芳柱 副主编 ◎ 康建胜 主审

上机实训资料

（与《成本会计与实训》共同销售）

中国工信出版集团

目录

表 1-8　　领料单

领料部门：机械加工车间　　日期：20××年 9 月 6 日　　领料单号：004

材料编号	材料名称	规格	单位	请领数量	实发数量	价格（元）	
						单价	金额
301#	F 材料		千克	80	80	8	640
用途	甲产品 乙产品			领料人	李明	发料人	常启山

表 1-9　　领料单

领料部门：机械加工车间　　日期：20××年 9 月 7 日　　领料单号：005

材料编号	材料名称	规格	单位	请领数量	实发数量	价格（元）	
						单价	金额
102#	B 材料		吨	20	20	3 000	60 000
用途	甲产品 乙产品			领料人	李明	发料人	李默

表 1-10　　领料单

领料部门：装配车间　　日期：20××年 9 月 20 日　　领料单号：006

材料编号	材料名称	规格	单位	请领数量	实发数量	价格（元）	
						单价	金额
301#	F 材料		千克	150	150	8	1 200
用途	甲产品 乙产品			领料人	王琦	发料人	李默

表 1-11　　领料单

领料部门：铸造车间　　日期：20××年 9 月 20 日　　领料单号：007

材料编号	材料名称	规格	单位	请领数量	实发数量	价格（元）	
						单价	金额
111#	C 材料		吨	5	5	500	2 500
用途	甲产品 乙产品			领料人	张鹏	发料人	李默

表 1-12　　领料单

领料部门：机械加工车间　　日期：20××年 9 月 20 日　　领料单号：008

材料编号	材料名称	规格	单位	请领数量	实发数量	价格（元）	
						单价	金额
102#	B 材料		吨	10	10	3 000	30 000
用途	甲产品 乙产品			领料人	张鹏	发料人	李默

表 1-13　　领料单

领料部门：装配车间　　日期：20××年 9 月 25 日　　领料单号：009

材料编号	材料名称	规格	单位	请领数量	实发数量	价格（元）	
						单价	金额
201#	E 材料		千克	100	100	12	1 200
用途	甲产品 乙产品			领料人	王琪	发料人	常启山

表 1-14　　　　领料单

领料部门：机修车间　　　　日期：20××年 9 月 25 日　　　　领料单号：010

材料编号	材料名称	规格	单位	请领数量	实发数量	价格（元）	
						单价	金额
301#	F 材料		千克	40	40	8	320
用途	维修用			领料人	王琪	发料人	常启山

亚丰公司原材料投入均为每个车间开始时一次投料。A 材料、B 材料按消耗定额计算费用分配率，按产品、车间进行费用分配；C 材料、D 材料按工时定额计算费用分配率，按产品、车间进行费用分配；E 材料、F 材料按消耗定额计算费用分配率，按产品、车间进行费用分配；费用分配率保留两位小数。该企业根据不同车间、不同产品设置“基本生产成本”账户。

实训要求

（1）根据领料单登记“原材料库存”明细账簿 A 材料～F 材料。

（2）根据“原材料库存”明细账簿，编制材料费用分配表（分配率保留两位小数）。

（3）其他原材料的领用见领料登记表，根据材料费用分配表和领料登记表，填写材料领用登记表。

（4）根据材料领用汇总表编制转账凭证。

（5）登记 A 材料、B 材料、C 材料、D 材料、E 材料、F 材料“原材料”明细账簿。

实训操作

（1）编制“原材料”分类明细账，如表 1-15～表 1-20 所示。

表 1-15　　　　“原材料”明细分类账

编号 101#　　规格______　　品名 A 材料　　单位 吨　　存放地点______

20××年		凭证号	摘要	收入			发出			结存		
月	日			数量	单价	金额	数量	单价	金额	数量	单价	金额

表 1-16　　　　“原材料”明细分类账

编号 102#　　规格______　　品名 B 材料　　单位 吨　　存放地点______

20××年		凭证号	摘要	收入			发出			结存		
月	日			数量	单价	金额	数量	单价	金额	数量	单价	金额

表 1-17　　“原材料”明细分类账

编号 111#　　规格＿＿＿＿　　品名 C 材料　　单位 吨　　存放地点＿＿＿＿

20××年		凭证号	摘要	收入			发出			结存		
月	日			数量	单价	金额	数量	单价	金额	数量	单价	金额

表 1-18　　“原材料”明细分类账

编号 112#　　规格＿＿＿＿　　品名 D 材料　　单位 吨　　存放地点＿＿＿＿

20××年		凭证号	摘要	收入			发出			结存		
月	日			数量	单价	金额	数量	单价	金额	数量	单价	金额

表 1-19　　“原材料”明细分类账

编号 201#　　规格＿＿＿＿　　品名 E 材料　　单位 千克　　存放地点＿＿＿＿

20××年		凭证号	摘要	收入			发出			结存		
月	日			数量	单价	金额	数量	单价	金额	数量	单价	金额

表 1-20 “原材料”明细分类账

编号 301# 规格______ 品名 F 材料 单位 千克 存放地点______

20××年		凭证号	摘要	收入			发出			结存		
月	日			数量	单价	金额	数量	单价	金额	数量	单价	金额

（2）原材料费用分配如表 1-21 所示。材料领料登记表如表 1-22 所示。

表 1-21 原材料费用分配表

20××年 9 月 30 日 单位：元

品名	合计	基本车间									辅助生产车间
		待分配费用	定额数量	费用分配率	铸造车间		机械加工车间		装配车间		机修车间
					甲产品	乙产品	甲产品	乙产品	甲产品	乙产品	
A 材料											
B 材料											
C 材料											
D 材料											
E 材料											
F 材料											
合计											

表 1-22 领料登记表

日期	部门	材料编号	材料名称	规格	单位	请领数量	实发数量	价格（元）		用途	领料人	发料人
								单价	金额			
9 月 7 日	装配车间	501#	L 材料	L1	台	10	10	1 400	14 000	乙产品	王欣	周明
9 月 14 日	装配车间	501#	L 材料	L1	台	30	30	1 400	42 000	甲产品	王欣	周明
9 月 16 日	装配车间	502#	L 材料	L2	台	50	50	270	13 500	乙产品	王欣	周明
9 月 16 日	装配车间	602#	H 材料	H2	套	200	200	250	50 000	甲产品	王欣	周明
9 月 21 日	装配车间	601#	H 材料	H1	套	20	20	300	6 000	乙产品	王欣	周明
9 月 21 日	装配车间	602#	H 材料	H2	套	300	300	250	75 000	甲产品	王欣	周明
9 月 21 日	装配车间	602#	H 材料	H2	套	50	50	250	12 500	乙产品	王欣	周明
9 月 22 日	装配车间	701#	M 材料		个	160	160	32	5 120	乙产品	王欣	周明
9 月 25 日	机修车间	701#	M 材料		个	50	50	32	1 600	维修用	王欣	周明

（3）编制材料领料汇总表，如表 1-23 所示。

表 1-23　　材料领用汇总表

材料	单价	铸造车间				机械加工车间				装配车间				机修车间		合计	
		甲产品		乙产品		甲产品		乙产品		甲产品		乙产品					
		数量	金额（元）	数量	金额（元）	数量	金额（元）	数量	金额（元）	数量	金额（元）	数量	金额（元）	数量	金额（元）	数量	金额（元）
A 材料																	
B 材料																	
C 材料																	
D 材料																	
E 材料																	
F 材料																	
L 材料（L1）																	
L 材料（L2）																	
H 材料（H1）																	
H 材料（H2）																	
M材料																	
合计																	

（4）编制转账凭证，如表 1-24 所示。

表 1-24　　转账凭证

20××年 9 月 30 日　　转字第 1 号

摘要	总账科目	明细科目	借方金额	贷方金额	记账符号
合　计					

会计主管：　　复核：　　记账：　　审核：×××　　制单：×××

（5）登记 A 材料、B 材料、C 材料、D 材料、E 材料、F 材料“原材料”明细账，如表 1-25～表 1-30 所示。

表 1-25　　“原材料”明细账

户名　A 材料　　备注＿＿＿＿

年		凭证字号		摘要	借方	贷方	借或贷	余额
月	日	字	号					

表 1-26　　“原材料”明细账

户名 B材料　　备注

年		凭证字号		摘要	借方	贷方	借或贷	余额
月	日	字	号					

表 1-27　　“原材料”明细账

户名 C材料　　备注

年		凭证字号		摘要	借方	贷方	借或贷	余额
月	日	字	号					

表 1-28　　“原材料”明细账

户名 D材料　　备注

年		凭证字号		摘要	借方	贷方	借或贷	余额
月	日	字	号					

表 1-29　　“原材料”明细账

户名 E材料　　备注

年		凭证字号		摘要	借方	贷方	借或贷	余额
月	日	字	号					

表 1-30　　“原材料”明细账

户名 F材料　　备注

年		凭证字号		摘要	借方	贷方	借或贷	余额
月	日	字	号					

实训二

人工费用的归集和分配

实训资料

继实训一资料，亚丰公司9月的工资结算汇总表如表2-1所示。

表2-1　　工资结算汇总表　　单位：元

车间、部门		基本工资	效益奖金	津贴	交通补贴	缺勤扣款	应付工资	代扣款项				实付工资
								保险	住房公积金	工会会费	个人所得税	
铸造车间	生产工人	59 100	7 400	4 400	500	900	70 500	3 999	7 100	390	150	58 861
	管理人员	7 900	2 900	2 000	360	0	13 160	320	600	250	929	11 061
机械加工车间	生产工人	71 700	15 000	9 600	480	590	96 190	6 025	7 700	400	210	81 855
	管理人员	7 050	2 850	1 600	200	300	11 400	320	400	310	658	9 712
装配车间	生产工人	65 100	15 000	8 000	230	2 700	85 630	5 930	7 320	215	100	72 065
	管理人员	6 900	2 840	1 600	200	100	11 440	320	500	510	767	9 343
机修车间		16 000	6 200	800	212	450	22 762	590	820	350	200	20 802
配电车间		3 400	2 300	800	180	0	6 680	275	420	180	95	5 710
厂部		64 420	10 000	4 000	210	1 020	77 610	4 870	6 680	1 900	860	63 300
合计		301 570	64 490	32 800	2 572	6 060	395 372	22 649	31 540	4 505	3 969	332 709

实训要求

（1）根据工资结算汇总表编制工资费用分配表，其中，生产工人工资按工时定额分配（分配率保留两位小数）。

（2）根据工资费用分配表编制转账凭证。

 实训操作

（1）根据工资结算汇总表和实训一资料中的定额工时，编制工资费用分配表，如表 2-2 所示。

表 2-2　　工资费用分配表

20××年 9 月 30 日

<table>
<tr><th colspan="2" rowspan="2">部门、用途</th><th rowspan="2">直接计入</th><th colspan="3">分配计入</th><th rowspan="2">合计（元）</th></tr>
<tr><th>定额工时（小时）</th><th>分配率</th><th>金额（元）</th></tr>
<tr><td rowspan="4">铸造车间</td><td>甲产品</td><td></td><td></td><td rowspan="2"></td><td></td><td></td></tr>
<tr><td>乙产品</td><td></td><td></td><td></td><td></td></tr>
<tr><td>小计</td><td></td><td></td><td></td><td></td><td></td></tr>
<tr><td>管理人员</td><td></td><td></td><td></td><td></td><td></td></tr>
<tr><td rowspan="4">机械加工车间</td><td>甲产品</td><td></td><td></td><td rowspan="2"></td><td></td><td></td></tr>
<tr><td>乙产品</td><td></td><td></td><td></td><td></td></tr>
<tr><td>小计</td><td></td><td></td><td></td><td></td><td></td></tr>
<tr><td>管理人员</td><td></td><td></td><td></td><td></td><td></td></tr>
<tr><td rowspan="4">装配车间</td><td>甲产品</td><td></td><td></td><td rowspan="2"></td><td></td><td></td></tr>
<tr><td>乙产品</td><td></td><td></td><td></td><td></td></tr>
<tr><td>小计</td><td></td><td></td><td></td><td></td><td></td></tr>
<tr><td>管理人员</td><td></td><td></td><td></td><td></td><td></td></tr>
<tr><td rowspan="2">辅助车间</td><td>机修车间</td><td></td><td></td><td></td><td></td><td></td></tr>
<tr><td>配电车间</td><td></td><td></td><td></td><td></td><td></td></tr>
<tr><td colspan="2">厂部</td><td></td><td></td><td></td><td></td><td></td></tr>
<tr><td colspan="2">合计</td><td></td><td></td><td></td><td></td><td></td></tr>
</table>

（2）编制转账凭证，如表 2-3 所示。

表 2-3　　转账凭证

20××年 9 月 30 日　　转字第 2 号

摘要	总账科目	明细科目	借方金额	贷方金额	记账符号
合　计					

会计主管：　复核：　记账：　审核：×××　制单：×××

实训三

外购燃料及动力费用的归集和分配

实训资料

继实训一资料，亚丰公司20××年9月共发生外购燃料及动力费如下：水费总计25 000元，电费为收到总计61 485元（金额52 551元，税额8 934元）的电费的增值税专用发票。本月用水量记录如表3-1所示，水费按各部门耗用水量进行分配，生产车间未专设“燃料及动力成本”项目，相应费用计入“制造费用”明细账中，电费暂计入配电车间的电费中。

表3-1 用水量记录表

使用部门	用水量（米^3）
铸造车间	1 570
机械加工车间	1 200
装配车间	750
机修车间	600
配电车间	690
厂部	211
合计	5 021

实训要求

（1）根据上述资料编制水费分配表（分配率保留两位小数）。

（2）根据水费分配表编制转账凭证。

（3）根据电费增值税专用发票编制转账凭证。

实训操作

（1）编制水费分配表，如表 3-2 所示。

表 3-2　　外购燃料及动力费用分配表-水费

20××年 9 月 30 日

应借账户		成本或费用项目	分配标准（米³）	分配率	分配金额（元）
制造费用	铸造车间				
	机械加工车间				
	装配车间				
辅助生产成本	机修车间				
	配电车间				
管理费用	厂部				
合计					

（2）根据水费分配表编制转账凭证，如表 3-3 所示。

表 3-3　　转账凭证

20××年 9 月 30 日　　转字第 3 号

摘要	总账科目	明细科目	借方金额	贷方金额	记账符号
合　计					

会计主管：　　复核：　　记账：　　审核：×××　　制单：×××

（3）根据电费增值税专用发票编制转账凭证，如表 3-4 所示。

表 3-4　　转账凭证

20××年 9 月 30 日　　转字第 4 号

摘要	总账科目	明细科目	借方金额	贷方金额	记账符号
合　计					

会计主管：　　复核：　　记账：　　审核：×××　　制单：×××

实训四

折旧费用的归集和分配

实训资料

继实训一资料，亚丰公司20××年9月各部门固定资产原值及折旧率如表4-1所示。

表4-1　　固定资产原值及折旧率

20××年9月　　单位：元

项目	月折旧率（%）	铸造车间	机械加工车间	装配车间	机修车间	配电车间	厂部	合计
房屋及建筑物	0.56	857 000	982 000	120 000	105 000	146 000	1 200 000	3 410 000
机器设备	0.81	652 000	200 000	95 000	86 000	180 000	400 000	1 613 000
其他	0.20	100 000	55 000	30 000			100 000	285 000

实训要求

（1）根据上述资料编制固定资产折旧计算表（按给定的月折旧率计算）。

（2）根据固定资产折旧计算表编制转账凭证。

实训操作

（1）根据上述资料编制固定资产折旧计算表，如表4-2所示。

表 4-2　　　　　　　　　　固定资产折旧计算表

20××年 9 月 30 日　　　　　　　　　　单位：元

固定资产类别	月折旧率（%）	铸造车间		机械加工车间		装配车间	
		原值	月折旧额	原值	月折旧额	原值	月折旧额
房屋及建筑物							
机器设备							
其他							
合计							

固定资产类别	月折旧率（%）	机修车间		配电车间		厂部	
		原值	月折旧额	原值	月折旧额	原值	月折旧额
房屋及建筑物							
机器设备							
其他							
合计							

（2）根据固定资产折旧计算表编制转账凭证，如表 4-3 所示。

表 4-3　　　　　　　　　　转账凭证

20××年 9 月 30 日　　　　　　　　　　转字第 5 号

摘要	总账科目	明细科目	借方金额	贷方金额	记账符号
合　　计					

会计主管：　　　复核：　　　记账：　　　审核：×××　　　制单：×××

实训五 辅助生产费用的归集和分配

实训资料

继实训一、实训二、实训三和实训四相关资料，亚丰公司 20××年 9 月各部门耗用的劳务情况如表 5-1 所示。

表 5-1　　辅助生产提供用电、机修劳务情况统计表

20××年 9 月 30 日

辅助生产车间	铸造车间		机械加工车间		装配车间		机修车间	配电车间	厂部	合计
	生产	车间	生产	车间	生产	车间	生产	生产		
机修（小时）		12 000		30 850		25 065		280	4 800	72 995
配电（度）	14 500	1 325	14 000	1 890	20 800	3 322	1 000		2 714	59 551

实训要求

（1）归集亚丰公司两个辅助生产车间的辅助生产成本，登记“辅助生产成本”明细账。

（2）根据亚丰公司 20××年 9 月机修车间、配电车间“辅助生产成本”明细账和各部门耗用劳务情况表，采用直接分配法编制辅助生产费用分配表（分配率保留两位小数），尾差计入厂部。

（3）根据亚丰公司20××年9月机修车间、配电车间“辅助生产成本”明细账和各部门耗用劳务情况表，采用交互分配法编制辅助生产费用分配表（分配率保留两位小数），尾差计入厂部。

（4）根据交互分配法编制的辅助生产费用分配表编制转账凭证。

（5）继续登记亚丰公司“辅助生产成本”明细账。

实训操作

（1）归集亚丰公司两个辅助生产车间的辅助生产成本，登记“辅助生产成本”明细账，如表5-2和表5-3所示。

表5-2　“辅助生产成本”明细账

车间名称：机修车间

产品（劳务）：维修

20××年		凭证号数		摘要	借方	原材料	工资	水费	折旧费	
月	日	字	号							

表5-3　“辅助生产成本”明细账

车间名称：配电车间

产品（劳务）：供电

20××年		凭证号数		摘要	借方	工资	水费	电费	折旧费	
月	日	字	号							

（2）采用直接分配法编制辅助生产费用分配表，如表 5-4 所示。

表 5-4　　辅助生产费用分配表（直接分配法）

项目			部门分配			产品分配		
辅助生产部门名称			机修车间	配电车间	合计	工时定额	分配率	分配金额
辅助生产费用总额								
对外提供劳务供应总量								
分配率								
受益部门	机修车间	耗用劳务量						
		应分配金额						
	配电车间	耗用劳务量						
		应分配金额						
受益部门	铸造车间生产耗用	耗用劳务量						
		应分配金额						
	甲产品							
	乙产品							
	铸造车间一般耗用	耗用劳务量						
		应分配金额						
	机械加工车间生产耗用	耗用劳务量						
		应分配金额						
	甲产品							
	乙产品							
	机械加工车间一般耗用	耗用劳务量						
		应分配金额						
	装配车间生产耗用	耗用劳务量						
		应分配金额						
	甲产品							
	乙产品							
	装配车间一般耗用	耗用劳务量						
		应分配金额						
	厂部	耗用劳务量						
		应分配金额						
	分配费用合计							

（3）采用交互分配法编制辅助生产费用分配表，如表 5-5 所示。

表 5-5　　　　辅助生产费用分配表（交互分配法）

20××年 9 月 30 日

项目			交互分配			对外分配			产品分配		
辅助生产部门名称			机修车间	配电车间	合计	机修车间	配电车间	合计	工时定额	分配率	分配金额
辅助生产费用总额											
劳务供应总量											
分配率											
受益部门	机修车间	耗用劳务量									
		应分配金额									
	配电车间	耗用劳务量									
		应分配金额									
受益部门	铸造车间生产耗用	耗用劳务量									
		应分配金额									
	甲产品										
	乙产品										
	铸造车间一般耗用	耗用劳务量									
		应分配金额									
	机械加工车间生产耗用	耗用劳务量									
		应分配金额									
	甲产品										
	乙产品										
	机械加工车间一般耗用	耗用劳务量									
		应分配金额									
	装配车间生产耗用	耗用劳务量									
		应分配金额									
	甲产品										
	乙产品										
	装配车间一般耗用	耗用劳务量									
		应分配金额									
	厂部	耗用劳务量									
		应分配金额									
	分配费用合计										

（4）根据交互分配法编制的辅助生产费用分配表编制转账凭证，如表 5-6 和表 5-7 所示。

表 5-6　　　　转账凭证

20××年 9 月 30 日　　　　转字第 6 号

摘要	总账科目	明细科目	借方金额	贷方金额	记账符号
合　计					

会计主管：　　复核：　　记账：　　审核：×××　　制单：×××

表 5-7　　　　　　　　　　　　**转账凭证**

20××年 9 月 30 日　　　　　　　　　　　　转字第 7 号

摘要	总账科目	明细科目	借方金额	贷方金额	记账符号	
合　计						

会计主管：　　　复核：　　　记账：　　　审核：×××　　　制单：×××

（5）继续登记亚丰公司“辅助生产成本”明细账，如表 5-8 和表 5-9 所示。

表 5-8　　　　　　　　　　　　**“辅助生产成本”明细账**

车间名称：机修车间

产品（劳务）：维修

20××年		凭证号数		摘要	借方	原材料	工资	水费	折旧费	辅助生产成本转入	辅助生产成本转出
月	日	字	号								

表 5-9　　　　　　　　　　　　**“辅助生产成本”明细账**

车间名称：配电车间

产品（劳务）：供电

20××年		凭证号数		摘要	借方	工资	水费	电费	折旧费	辅助生产成本转入	辅助生产成本转出
月	日	字	号								

实训六

制造费用的归集和分配

实训资料

继实训一、实训二、实训三、实训四和实训五相关资料。

实训要求

（1）归集亚丰公司3个基本生产车间的制造费用，登记“制造费用”明细账。

（2）根据亚丰公司工时定额表，按生产工时比例法编制制造费用分配表（分配率保留两位小数）。

（3）根据制造费用分配表编制转账凭证。

（4）继续登记亚丰公司“制造费用”明细账。

（5）继实训二中各车间各产品生产工人工资资料，按生产工人工资比例法编制制造费用分配表（分配率保留两位小数）。

实训操作

（1）归集亚丰公司三个基本生产车间制造费用，登记“制造费用”明细账，如表6-1～表6-3所示。

表 6-1

“制造费用”明细账

车间名称：铸造车间 20××年 9 月

20××年		凭证号数		摘要	借方	职工薪酬	水费	折旧费	辅助生产成本转入
月	日	字	号						

表 6-2

“制造费用”明细账

车间名称：机械加工车间 20××年 9 月

20××年		凭证号数		摘要	借方	职工薪酬	水费	折旧费	辅助生产成本转入
月	日	字	号						

表 6-3

“制造费用”明细账

车间名称：装配车间 20××年 9 月

20××年		凭证号数		摘要	借方	职工薪酬	水费	折旧费	辅助生产成本转入
月	日	字	号						

（2）根据亚丰公司工时定额表，按生产工时比例法编制制造费用分配表，如表 6-4 所示。

表 6-4　　制造费用分配表

20××年 9 月

生产车间		生产工时（小时）	分配率（%）	分配金额（元）
铸造车间	甲产品			
	乙产品			
	小计			
机械加工车间	甲产品			
	乙产品			
	小计			
装配车间	甲产品			
	乙产品			
	小计			
合计				

（3）根据制造费用分配表编制转账凭证，如表 6-5 所示。

表 6-5　　转账凭证

20××年 9 月 30 日　　转字第 8 号

摘要	总账科目	明细科目	借方金额	贷方金额	记账符号	
合　计						

会计主管：　复核：　记账：　审核：×××　制单：×××

（4）继续登记亚丰公司“制造费用”明细账，如表 6-6～表 6-8 所示。

表 6-6　　“制造费用”明细账

车间名称：铸造车间

20××年		凭证号数		摘要	借方	职工薪酬	水费	折旧费	辅助生产成本转入	
月	日	字	号							

表 6-7　　　　　　　　　　　　“制造费用”明细账

车间名称：机械加工车间

20××年		凭证号数		摘要	借方	职工薪酬	水费	折旧费	辅助生产成本转入	
月	日	字	号							

表 6-8　　　　　　　　　　　　“制造费用”明细账

车间名称：装配车间

20××年		凭证号数		摘要	借方	职工薪酬	水费	折旧费	辅助生产成本转入	
月	日	字	号							

（5）按生产工人工资比例法编制制造费用分配表，如表 6-9 所示。

表 6-9　　　　　　　　　　　　制造费用分配表

20××年 9 月

生产车间		生产工人工资（元）	分配率	分配金额（元）
铸造车间	甲产品			
	乙产品			
	小计			
机械加工车间	甲产品			
	乙产品			
	小计			
装配车间	甲产品			
	乙产品			
	小计			
合计				

实训七 生产费用在完工产品和在产品之间的分配

详见实训操作中每种方法练习题的描述。

按照不同的生产费用分配方法完成以下实训练习。

一、不计算在产品成本法

【练 7-1】 新威公司一车间 9 月份生产甲产品情况如下：月初在产品 2 件，本月完工 2 000 件，月末在产品 2 件，本月发生原材料费用 24 200 元，直接人工费用 16 100 元，制造费用 12 050 元。要求：计算本月完工产品总成本和单位成本。

根据已知条件，编制产品成本计算单，如表 7-1 所示。

表 7-1　　　　产品成本计算单

产品名称：甲产品　　　　20××年 9 月　　　　单位：元

摘要	直接材料	直接人工	制造费用	合计
月初在产品成本				

续表

摘要	直接材料	直接人工	制造费用	合计
本月生产费用				
合计				
本月完工产品成本				
月末在产品成本				

甲产品完工产品单位成本＝________________（元）

二、在产品按年初数固定计算法

【练 7-2】 新威公司一车间生产甲产品，每月末在产品数量变化不大。9 月份生产情况如下：生产费用合计为 123 050 元，其中直接材料 90 000 元，直接人工 24 200 元，制造费用 8 850 元。甲产品在产品固定成本合计为 1 500 元，其中直接材料 500 元，直接人工 520 元，制造费用 480 元。本月完工产品 600 件，月末在产品 50 件，该公司采用在产品按年初数固定计算法。要求：计算本月完工产品总成本和单位成本。

根据已知条件，编制产品成本计算单，如表 7-2 所示。

表 7-2　　产品成本计算单

产品名称：甲产品　　20××年 9 月　　单位：元

摘要	直接材料	直接人工	制造费用	合计
月初在产品成本				
本月生产费用				
合计				
本月完工产品成本				
月末在产品成本				

甲产品完工产品单位成本＝________________（元）

三、在产品按原材料费用计价法

【练 7-3】 新威公司一月份生产甲产品，该产品原材料费用在产品成本中所占比重较大，在产品只计算原材料费用。9 月份生产情况如下：月初在产品成本为 20 000 元，本月发生原材料费用 90 000 元，生产工人工资 14 000 元，制造费用 12 000 元。本月完工产品 2 000 件，月末在产品 600 件，原材料在产品在生产之初一次投入，原材料费用按完工产品和在产品的数量比例分配。要求：计算本月完工产品总成本和单位成本。

根据已知条件，编制产品成本计算单，如表 7-3 所示。

表 7-3　　产品成本计算单

产品名称：甲产品　　20××年 9 月　　单位：元

摘要	直接材料	直接人工	制造费用	合计
月初在产品成本				
本月生产费用				
合计				

续表

摘要	直接材料	直接人工	制造费用	合计
在产品约当产量				
完工产品产量				
分配率				
本月完工产品成本				
月末在产品成本				

甲产品完工产品单位成本 = ____________________（元）

四、约当产量比例法

1. 约当产量比例法的一般分配方法

（1）一次投料练习。

【练 7-4】 新威公司一车间生产甲产品，9 月份生产情况如下：月初在产品成本的直接材料成本为 8 800 元，直接人工 6 800 元，制造费用 4 550 元，本月发生原材料费用 90 890 元，生产工人工资 60 770 元，制造费用 25 550 元。本月完工产品 700 件，月末在产品 60 件，原材料在产品在生产之初一次投入，在产品的加工程度为 50%。要求：计算本月完工产品总成本和单位成本，分配率保留两位小数。

根据已知条件，编制产品成本计算单，如表 7-4 所示。

表 7-4　产品成本计算单

（约当产量比例法——次投料）

产品名称：甲产品　　20××年 9 月　　单位：元

摘要	直接材料	直接人工	制造费用	合计
月初在产品成本				
本月生产费用				
合计				
在产品实际数量				
在产品完工程度				
在产品约当产量				
完工产品产量				
分配率				
本月完工产品成本				
月末在产品成本				

甲产品完工产品单位成本 = ____________________（元）

（2）陆续投料练习。

【练 7-5】 假若【练 7-4】中原材料在生产中是陆续投入的，其他资料完全相同。要求：计算本月完工产品总成本和单位成本，分配率保留两位小数。

根据已知条件，编制产品成本计算单，如表 7-5 所示。

表 7-5　　产品成本计算单

（约当产量比例法—陆续投料）

产品名称：甲产品　　20××年 9 月　　单位：元

摘要	直接材料	直接人工	制造费用	合计
月初在产品成本				
本月生产费用				
合计				
在产品实际数量				
在产品完工程度				
在产品约当产量				
完工产品产量				
分配率				
本月完工产品成本				
月末在产品成本				

甲产品完工产品单位成本＝________________（元）

2. 约当产量工序计算法

（1）一次投料练习。

【练 7-6】 新威公司一车间生产甲产品单位工时定额为 105 小时，经过三道工序制成，其各工序工时定额分别为 25 小时、50 小时、30 小时。各工序在产品数量为 20 件、40 件、20 件。月初在产品成本的直接材料成本为 18 000 元，直接人工 8 800 元，制造费用 9 500 元，本月发生原材料费用 80 000 元，生产工人工资 40 000 元，制造费用 25 000 元。本月完工产品 500 件，原材料在产品在生产之初一次投入。要求：计算本月完工产品总成本和单位成本（分配率和完工程度保留两位小数，约当产量保留一位小数）。

根据上述资料，编制在产品约当产量计算表，如表 7-6 所示。

表 7-6　　在产品约当产量计算表

产品名称：甲产品

在产品所在工序	工时定额（小时）	完工程度（%）	在产品数量		完工产品产量（件）	产量合计（件）
			结存数量（件）	约当产量（件）		
第一道工序						
第二道工序						
第三道工序						
合计						

根据已知条件，编制产品成本计算单，如表 7-7 所示。

表 7-7　　产品成本计算单

（约当产量工序计算法——次投料）

产品名称：甲产品　　20××年 9 月　　单位：元

摘要	直接材料	直接人工	制造费用	合计
月初在产品成本				
本月生产费用				

续表

摘要	直接材料	直接人工	制造费用	合计
合计				
在产品约当产量				
完工产品产量				
分配率				
本月完工产品成本				
月末在产品成本				

甲产品完工产品单位成本 = ________________（元）

（2）陆续投料练习。

① 原材料随加工进度陆续投入，但在每一道工序生产开始时一次投料。

【练 7-7】 假若【练 7-6】中原材料随加工进度陆续投入，但在每一道工序生产开始时一次投料，甲产品三道工序材料定额分别为 200 千克、100 千克、80 千克，其他资料相同。要求：计算本月完工产品总成本和单位成本（分配率、投料程度和完工程度保留两位小数，约当产量保留一位小数）。

根据上述资料，编制在产品约当产量计算表，如表 7-8 所示。

表 7-8 在产品约当产量计算表

（约当产量工序计算法—每道工序一次投料）

产品名称：甲产品 完工产品产量：500 件

在产品所在工序	结存数量（件）	分配原材料			分配人工和制造费用		
		材料定额（千克）	投料程度（%）	约当产量（件）	工时定额（小时）	完工程度（%）	约当产量（件）
第一道工序							
第二道工序							
第三道工序							
合计							

根据已知条件，编制产品成本计算单，如表 7-9 所示。

表 7-9 产品成本计算单

（约当产量工序计算法—每道工序一次投料）

产品名称：甲产品 20××年 9 月 单位：元

摘要	直接材料	直接人工	制造费用	合计
月初在产品成本				
本月生产费用				
合计				
在产品约当产量				
完工产品产量				
分配率				
本月完工产品成本				
月末在产品成本				

其中：直接材料按投料程度确定的约当产量进行分配，直接人工和制造费用按完工程度确定的约当产量进行分配。

甲产品完工产品单位成本 = ________________（元）

② 原材料随加工进度陆续投入，在每一道工序也是随加工进度陆续投入。

【练 7-8】 假若【练 7-6】中原材料随加工进度陆续投入，在每一道工序也是随加工进度陆续投入，甲产品三道工序材料定额分别 200 千克、100 千克、80 千克，其他资料相同。要求：计算本月完工产品总成本和单位成本（分配率、投料程度和完工程度保留两位小数，约当产量保留一位小数）。

根据上述资料，编制在产品约当产量计算表，如表 7-10 所示。

表 7-10 在产品约当产量计算表

（约当产量工序计算法—每道工序陆续投料）

产品名称：甲产品 完工产品产量：500 件

在产品所在工序	结存数量(件)	分配原材料			分配人工和制造费用		
		材料定额（千克）	投料程度（%）	约当产量（件）	工时定额（小时）	完工程度（%）	约当产量（件）
第一道工序							
第二道工序							
第三道工序							
合计							

根据已知条件，编制产品成本计算单，如表 7-11 所示。

表 7-11 产品成本计算单

（约当产量工序计算法—每道工序陆续投料）

产品名称：甲产品 20××年 9 月 单位：元

摘要	直接材料	直接人工	制造费用	合计
月初在产品成本				
本月生产费用				
合计				
在产品约当产量				
完工产品产量				
分配率				
本月完工产品成本				
月末在产品成本				

其中：直接材料按投料程度确定的约当产量进行分配，直接人工和制造费用按完工程度确定的约当产量进行分配。

甲产品完工产品单位成本＝__________________（元）

五、在产品按完工产品成本计算法

【练 7-9】 新威公司生产甲产品，9 月份生产情况如下：月初在产品费用和本月发生费用累计数为原材料费用 55 000 元，工资费用 33 000 元，制造费用 6 600 元。完工产品 1 000 件，月末在产品 200 件，该产品已接近完工。要求：计算本月完工产品总成本和单位成本。

根据已知条件，编制产品成本计算单，如表 7-12 所示。

表 7-12　　　　产品成本计算单

产品名称：甲产品　　　　20××年 9 月　　　　单位：元

摘要	直接材料	直接人工	制造费用	合计
本月生产费用合计				
完工产品数量				
月末在产品数量				
分配率				
本月完工产品成本				
月末在产品成本				

甲产品完工产品单位成本 = ____________________（元）

六、在产品按定额成本计价法

【练 7-10】 新威公司生产甲产品，9 月份生产情况如下：月初在产品和本月生产费用累计为直接材料 98 000 元，直接人工 48 800 元，制造费用 48 800 元，合计 181 300 元。本月完工产品共 500 件，月末在产品 20 件，原材料在产品开始时一次投入。单位产品材料费用定额为 100 元，单位在产品定额工时为 10 小时，每小时费用定额为人工 8 元、制造费用 4 元。要求：在产品按定额成本计价法，计算本月完工产品总成本和单位成本。

根据已知条件，编制产品成本计算单，如表 7-13 所示。

表 7-13　　　　产品成本计算单

产品名称：甲产品　　　　20××年 9 月　　　　单位：元

摘要	直接材料	直接人工	制造费用	合计
本月生产费用合计				
完工产品数量				
月末在产品数量				
月末在产品定额成本				
本月完工产品成本				
月末在产品成本				

甲产品完工产品单位成本 = ____________________（元）

七、定额比例法

【练 7-11】 新威公司生产甲产品，9 月份生产情况如下：月初在产品成本的直接材料成本为 18 000 元，直接人工 12 800 元，制造费用 8 000 元。本月发生费用为直接材料 150 000 元，直接人工 42 000 元，制造费用 20 500 元，本月完工产品共 1 500 件，月末在产品计 100 件。单位完工产品材料费用定额为 60 元，单位完工产品工时定额为 30 小时；单位在产品材料费用定额为 40 元，单位在产品定额工时为 12 小时。要求：采用定额比例法，计算出完工产品成本和单位成本，分配率保留两位小数。

根据已知条件，编制产品成本计算单，如表 7-14 所示。

表 7-14　　　　　　　　　　产品成本计算单

产品名称：甲产品　　　　　　　　20××年 9 月　　　　　　　　单位：元

摘要	直接材料	直接人工	制造费用	合计
月初在产品成本				
本月生产费用				
合计				
月末在产品数量				
月末完工产品数量				
在产品定额				
完工产品定额				
分配率				
本月完工产品成本				
月末在产品成本				

甲产品完工产品单位成本 = ____________________（元）

八、完工产品成本的结转

【练 7-12】 新威公司生产甲产品，9 月份生产情况如下：本月完工产品共 1 500 件，月末在产品计 100 件。通过上【练 7-11】的计算，完工产品总成本为 242 550 元，月末在产品总成本为 8 750 元。完工产品已验收入库。要求：编制完工产品成本汇总表，结转完工产品的成本（小数点保留两位）。

（1）计算完工产品单位成本，如表 7-15 所示。

表 7-15　　　　　　　　　　产品成本汇总表

产品名称：甲产品　　　　　　　　20××年 9 月 30 日　　　　　　　　单位：元

摘要	单位	数量	直接材料	直接人工	制造费用	合计	单位成本
完工产品	件						
合计							

（2）结转完工产品成本，编制会计分录如下。

借：库存商品—甲产品　　　　　　　　____________

　　贷：基本生产成本—甲产品　　　　　　　　____________

（3）结转本月“生产成本”明细账，如表 7-16 所示。

表 7-16　　　　　　　　　　“生产成本”明细账

产品名称：甲产品　　　　　　　　　　　　　　　　单位：元

20××年		摘要	借方	成本项目		
月	日			直接材料	直接人工	制造费用
9	1	月初在产品成本				
9	30	本月生产费用				
9	30	合计				
9	30	结转本月完工产品成本				
9	30	月末在产品成本				

产品成本核算的基本方法——品种法

实训资料

继实训一、实训二、实训三、实训四、实训五和实训六相关资料。

亚丰公司甲、乙两种产品月初在产品成本资料如表 8-1 所示。

表 8-1　　“生产成本”明细分类账户期初余额

单位：元

产品名称	成本项目				合计
	直接材料	直接人工	燃料及动力	制造费用	
甲产品	119 820	32 560	6 813	24 880	184 073
乙产品	58 765	36 030	10 074	13 985	118 854
合计	178 585	68 590	16 887	38 865	302 927

实训要求

（1）按品种法归集甲、乙两种产品的“生产成本”明细账，登记“生产成本”明细账。

（2）分配生产费用，编制成本计算表，其中，完工产品与月末在产品按约当产量比例法进行分配。约当产量的计算：材料成本比例按各工序（车间）材料成本占总材料成本比例计算，直接人工、燃料及动力及制造费用完工率按各工序（车间）工时占总工时比例计算。各车间甲、乙在产品完工程度均为本车间产品的 50%（分配率、产品成本比例和完工程度保留两位小数，约当产量保留一位小数）。

（3）编制产品成本汇总表。

（4）根据产品成本汇总表编制转账凭证。

（5）结转完工产品成本，继续登记“生产成本”明细账。

实训操作

第 1 步：材料费用的归集和分配。

见实训一。

第 2 步：人工费用的归集和分配。

见实训二。

第 3 步：外购动力费用的归集和分配。

见实训三。

第 4 步：折旧费用的归集和分配。

见实训四。

第 5 步：辅助生产费用的归集和分配。

见实训五。

第 6 步：制造费用的归集和分配。

见实训六。

第 7 步：生产费用的归集和分配。

（1）按品种法归集甲、乙两种产品的生产费用，登记“生产成本”明细账，如表 8-2 和表 8-3 所示。

表 8-2　　“基本生产成本”明细账

产品名称：甲产品

20××年		凭证号数		摘要	借方	成本项目			
月	日	字	号			直接材料	直接人工	燃料及动力	制造费用

表 8-3　　　　“基本生产成本”明细账

产品名称：乙产品

20××年		凭证号数		摘要	借方	成本项目			
						直接材料	直接人工	燃料及动力	制造费用
月	日	字	号						

（2）分配生产费用，编制成本计算表。

① 计算在产品约当产量，如表 8-4～表 8-7 所示。

表 8-4　　　　在产品约当产量计算表（直接材料）

产品名称：甲产品　　　　各车间一次投料　　　　单位：件

	合计	铸造车间	机械加工车间	装配车间
直接材料				
材料成本比例				
在产品结存数量				
在产品约当产量				
完工产品				
合计				

表 8-5　　　　在产品约当产量计算表（直接人工/燃料及动力/制造费用）

产品名称：甲产品　　　　单位：件

	合计	铸造车间	机械加工车间	装配车间
工时定额				
完工程度				
在产品结存数量				
在产品约当产量				
完工产品				
合计				

表 8-6　　　　在产品约当产量计算表（直接材料）

产品名称：乙产品　　　　各车间一次投料　　　　单位：件

	合计	铸造车间	机械加工车间	装配车间
直接材料				
材料成本比例				
在产品结存数量				
在产品约当产量				
完工产品				
合计				

表 8-7　　在产品约当产量计算表（直接人工/燃料及动力/制造费用）

产品名称：乙产品　　单位：件

	合计	铸造车间	机械加工车间	装配车间
工时定额				
完工程度				
在产品结存数量				
在产品约当产量				
完工产品				
合计				

② 分配生产费用，如表 8-8 和表 8-9 所示。

表 8-8　　完工产品和在产品成本计算表（甲产品）

在产品：　件　　在产品完工程度：

完工产品：　件　　投料方式：

摘要	成本项目				合计
	直接材料	直接人工	燃料及动力	制造费用	
期初余额（元）					
本月发生生产费用（元）					
本月生产费用累计（元）					
在产品约当产量（件）					
完工产品产量（件）					
分配率					
完工产品成本（元）					
月末在产品成本（元）					

表 8-9　　完工产品和在产品成本计算表（乙产品）

在产品：　件　　在产品完工程度：

完工产品：　件　　投料方式：

摘要	成本项目				合计
	直接材料	直接人工	燃料及动力	制造费用	
期初余额（元）					
本月发生生产费用（元）					
本月生产费用累计（元）					
在产品约当产量（件）					
完工产品产量（件）					
分配率					
完工产品成本（元）					
月末在产品成本（元）					

（3）编制产品成本汇总表，如表 8-10 所示。

表 8-10　　产品成本汇总表

单位名称：亚丰公司　　20××年 9 月　　单位：元

产品名称	成本	产量（件）	直接材料	直接人工	燃料及动力	制造费用	合计
甲产品	总成本						
	单位成本						
乙产品	总成本						
	单位成本						

（4）根据产品成本汇总表编制转账凭证，如表 8-11 所示。

表 8-11

转账凭证

20××年 9 月 30 日　　　　转字第 9 号

摘要	总账科目	明细科目	借方金额	贷方金额	记账符号	
合　计						

会计主管：　　复核：　　记账：　　审核：×××　　制单：×××

（5）结转完工产品成本，继续登记“生产成本”明细账，如表 8-12 和表 8-13 所示。

表 8-12

“基本生产成本”明细账

产品名称：甲产品

20××年		凭证号数		摘要	借方	成本项目			
月	日	字	号			直接材料	直接人工	燃料及动力	制造费用

表 8-13

“基本生产成本”明细账

产品名称：乙产品

20××年		凭证号数		摘要	借方	成本项目			
月	日	字	号			直接材料	直接人工	燃料及动力	制造费用

实训九

产品成本核算的基本方法——分批法

实训资料

亚丰公司按照订货单位的要求，小批生产甲、乙、丙、丁 4 种产品，采用分批法计算产品成本，设置“直接材料”“直接人工”“燃料及动力”“制造费用”4 个成本项目。

（1）7 月份各种产品生产情况如表 9-1 所示。

表 9-1　　各种产品生产情况表　　单位：台

批号	产品	批量	投产与完工情况
601 批	甲产品	9	上月投产，本月全部完工
701 批	乙产品	10	本月投产，本月全部未完工
702 批	丙产品	16	本月投产，本月完工 10 台
703 批	丁产品	15	本月投产，本月完工 3 台

（2）月初在产品情况如表 9-2 所示。

表 9-2　　601 批（甲产品）月初在产品成本资料

单位：元

项目 / 产品名称	直接材料	直接人工	燃料及动力	制造费用	合计
601 批（甲产品）	95 000	10 100	8 869	9 889	123 858

（3）本月发生生产费用如表 9-3～表 9-5 所示。

表 9-3　　材料费用　　单元：元

月份	601 批（甲产品）	701 批（乙产品）	702 批（丙产品）	703 批（丁产品）
7 月	158 460	223 340	400 000	650 000

表 9-4　　工时资料　　单元：小时

月份	601 批（甲产品）	701 批（乙产品）	702 批（丙产品）	703 批（丁产品）	合计
7 月	8 000	6 000	7 000	6 500	27 500

表 9-5　　共同发生的其他费用　　单元：元

月份	直接人工	燃料及动力	制造费用	合计
7 月	280 000	50 500	88 600	419 100

实训要求

（1）根据生产特点和管理要求，公司采用分批法计算产品成本。

（2）生产工人工资等其他费用按工时在 601 批、701 批、702 批、703 批产品之间进行分配。

（3）601 批（甲产品）上月投产，上月均未完工，本月全部完工；701 批（乙产品）本月投产，本月全部未完工；702 批（丙产品）原材料的投料方式为在生产之初一次投料，由于该批产品完工数量较大，本月发生的费用在完工产品与在产品之间采用约当产量法分配，在产品完工程度为 50%；703 批（丁产品）原材料的投料方式为在生产之初一次投料，由于该批产品完工数量较小，完工产品成本按计划成本结转，单位计划成本为 136 020 元（其中单位材料计划成本为 112 000 元，单位人工计划成本为 18 000 元，单位燃料动力计划成本为 3 000 元，单位制造费用计划成本为 3 020 元），待该批产品全部完工后，再重新计算完工产品与在产品的总成本与单位成本。要求：计算 601 批（甲产品）、701 批（乙产品）、702 批（丙产品）、703 批（丁产品）的生产成本（分配率保留两位小数）。

实训操作

亚丰公司产品生产成本核算程序如下。

第 1 步：材料费用的归集和分配。

本月发生在 601 批（甲产品）、701 批（乙产品）、702 批（丙产品）、703 批（丁产品）的材料费用均为直接费用，因没有共同消耗材料的记录，所以不需要分配，根据材料费用编制转账凭证，如表 9-6 所示。

表 9-6　　转账凭证

20××年 7 月 31 日　　转字第 1 号

摘要	总账科目	明细科目	借方金额	贷方金额	记账符号
合　计					

会计主管：　　复核：　　记账：　　审核：×××　　制单：×××

第 **2** 步：人工费用的归集和分配。

（1）根据工时资料编制工资费用分配表，如表 9-7 所示。

表 9-7　　　　**工资费用分配表**

应借账户		分配计入			合计
		工时	分配率	金额	
基本生产成本	601 批（甲产品）				
	701 批（乙产品）				
	702 批（丙产品）				
	703 批（丁产品）				
合计					

（2）根据工资费用分配表编制转账凭证，如表 9-8 所示。

表 9-8　　　　**转账凭证**

20××年 7 月 31 日　　　　转字第 2 号

摘要	总账科目	明细科目	借方金额	贷方金额	记账符号
合　计					

会计主管：　　复核：　　记账：　　审核：×××　　制单：×××

第 **3** 步：燃料及动力费用的归集和分配。

（1）根据工时资料编制燃料及动力费用分配表，如表 9-9 所示。

表 9-9　　　　**燃料及动力费用分配表**

应借账户		分配计入			合计
		工时	分配率	金额	
基本生产成本	601 批（甲产品）				
	701 批（乙产品）				
	702 批（丙产品）				
	703 批（丁产品）				
合计					

（2）根据燃料及动力费用分配表编制转账凭证，如表 9-10 所示。

表 9-10　　　　　　　　　　　　转账凭证

20××年 7 月 31 日　　　　　　　　　　　转字第 3 号

摘要	总账科目	明细科目	借方金额	贷方金额	记账符号	
合　　计						

会计主管：　　　　复核：　　　　记账：　　　　审核：×××　　　　制单：×××

第 4 步：制造费用的归集和分配。

（1）根据工时资料编制制造费用分配表，如表 9-11 所示。

表 9-11　　　　　　　　　　　　制造费用分配表

应借账户		分配计入			合计
		工时	分配率	金额	
基本生产成本	601 批（甲产品）				
	701 批（乙产品）				
	702 批（丙产品）				
	703 批（丁产品）				
合计					

（2）根据制造费用分配表编制转账凭证，如表 9-12 所示。

表 9-12　　　　　　　　　　　　转账凭证

20××年 7 月 31 日　　　　　　　　　　　转字第 4 号

摘要	总账科目	明细科目	借方金额	贷方金额	记账符号	
合　　计						

会计主管：　　　　复核：　　　　记账：　　　　审核：×××　　　　制单：×××

第 5 步：生产费用的归集和分配。

（1）归集生产费用。

月末，会计部门按批次分别登记“基本生产成本”明细账，如表 9-13～表 9-16 所示。

表 9-13　　“基本生产成本”明细账

产品批号：601 批　　产品名称：甲产品

20××年		凭证号数		摘要	借方	成本项目			
月	日	字	号			直接材料	直接人工	燃料及动力	制造费用

表 9-14　　“基本生产成本”明细账

产品批号：701 批　　产品名称：乙产品

20××年		凭证号数		摘要	借方	成本项目			
月	日	字	号			直接材料	直接人工	燃料及动力	制造费用

表 9-15　　“基本生产成本”明细账

产品批号：702 批　　产品名称：丙产品

20××年		凭证号数		摘要	借方	成本项目			
月	日	字	号			直接材料	直接人工	燃料及动力	制造费用

表 9-16　　“基本生产成本”明细账

产品批号：703 批　　产品名称：丁产品

20××年		凭证号数		摘要	借方	成本项目			
月	日	字	号			直接材料	直接人工	燃料及动力	制造费用

（2）分配生产费用。

601 批（甲产品）上月投产，上月均未完工，本月全部完工，“基本生产成本”明细账归集的生产费用总额即为完工产品总成本。

701 批（乙产品）本月投产，本月全部未完工，“基本生产成本”明细账归集的生产费用总额即为在产品总成本。

702 批（丙产品）采用约当产量法进行分配，完工产品和月末在产品成本计算表如表 9-17 所示。

表 9-17　　完工产品和在产品成本计算表

在产品：　　台　　　　在产品完工程度：
完工产品：　　台　　　　投料方式：
产品批别：702 批　　产品名称：丙产品　　20××年 7 月 31 日

摘要	成本项目				合计
	直接材料	直接人工	燃料及动力	制造费用	
本月发生生产费用（元）					
本月生产费用累计（元）					
在产品约当产量（台）					
完工产品产量（台）					
分配率					
完工产品成本（元）					
月末在产品成本（元）					

由于 703 批（丁产品）完工数量较少，完工产品成本按计划成本结转。完工产品和月末在产品成本计算表如表 9-18 所示。

表 9-18　　完工产品和在产品成本计算表

在产品：　　台
完工产品：　　台　　　　投料方式：
产品批别：703 批　　产品名称：丁产品　　20××年 7 月 31 日　　单位：元

摘要	成本项目				合计
	直接材料	直接人工	燃料及动力	制造费用	
本月发生生产费用					
本月生产费用累计					
完工产品计划单位成本					
完工产品成本					
月末在产品成本					

（3）编制产品成本汇总表。

根据表 9-13、表 9-17、表 9-18，编制产品成本汇总表，如表 9-19 所示。

表 9-19　　产品成本汇总表

单位名称：亚丰公司　　20××年 7 月　　单位：元

产品名称	成本	产量（件）	直接材料	直接人工	燃料及动力	制造费用	合计
601 批（甲产品）	总成本						
	单位成本						
702 批（丙产品）	总成本						
	单位成本						
703 批（丁产品）	总成本						
	单位成本						

（4）结转完工产品成本，根据产品成本汇总表编制转账凭证，如表 9-20 所示。

表 9-20　　转账凭证

20××年 9 月 30 日　　转字第 5 号

摘要	总账科目	明细科目	借方金额	贷方金额	记账符号
合　计					

会计主管：　　复核：　　记账：　　审核：×××　　制单：×××

（5）继续登记“生产成本”明细账，如表 9-21～表 9-24 所示。

表 9-21　　“基本生产成本”明细账

产品批号：601 批　　产品名称：甲产品

20××年		凭证号数		摘要	借方	成本项目			
月	日	字	号			直接材料	直接人工	燃料及动力	制造费用

表 9-22　　“基本生产成本”明细账

产品批号：701 批　　产品名称：乙产品

20××年		凭证号数		摘要	借方	成本项目			
月	日	字	号			直接材料	直接人工	燃料及动力	制造费用

表 9-23　　“基本生产成本”明细账

产品批号：702 批　　产品名称：丙产品

20××年		凭证号数		摘要	借方	成本项目			
月	日	字	号			直接材料	直接人工	燃料及动力	制造费用

表 9-24　　“基本生产成本”明细账

产品批号：703 批　　产品名称：丁产品

20××年		凭证号数		摘要	借方	成本项目			
月	日	字	号			直接材料	直接人工	燃料及动力	制造费用

实训十

产品成本核算的基本方法——逐步分项结转分步法

实训资料

继实训一、实训二、实训三、实训四、实训五和实训六相关资料。

亚丰公司各车间月初在产品成本资料如表10-1所示。

表10-1　“生产成本”明细分类账户期初余额

单位：元

车间	产品名称	成本项目				合计
		直接材料	直接人工	燃料及动力	制造费用	
铸造车间	甲产品	40 800	12 000	1 980	6 248	61 028
	乙产品	12 085	8 700	2 099	2 340	25 224
	合计	52 885	20 700	4 079	8 588	86 252
机械加工车间	甲产品	36 720	10 500	3 400	8 032	58 652
	乙产品	18 460	18 880	2 321	3 565	43 226
	合计	55 180	29 380	5 721	11 597	101 878
装配车间	甲产品	42 300	10 060	1 433	10 600	64 393
	乙产品	28 220	8 450	5 654	8 080	50 404
	合计	70 520	18 510	7 087	18 680	114 797

实训要求

根据生产特点，该企业管理上要求计算半成品成本，各车间生产完工的半成品都供本企业继续加工，请用逐步分项结转分步法计算产品成本，进行账务处理，登记“基本生产成本”明细账。

 实训操作

亚丰公司采用逐步分项结转分步法进行生产成本核算的程序如下。

第 1 步：材料费用的归集和分配。

（1）根据资料中的材料消耗定额编制材料费用分配表，如表 10-2 所示。

表 10-2 原材料费用分配表

20××年 9 月 30 日 单位：元

<table>
<tr><th rowspan="3">品名</th><th rowspan="3">合计</th><th colspan="9">基本车间</th><th>辅助车间</th></tr>
<tr><th rowspan="2">待分配费用</th><th rowspan="2">定额数量</th><th rowspan="2">费用分配率</th><th colspan="2">铸造车间</th><th colspan="2">机械加工车间</th><th colspan="2">装配车间</th><th rowspan="2">机修车间</th></tr>
<tr><th>甲产品</th><th>乙产品</th><th>甲产品</th><th>乙产品</th><th>甲产品</th><th>乙产品</th></tr>
<tr><td>A 材料</td><td></td><td></td><td></td><td></td><td></td><td></td><td></td><td></td><td></td><td></td><td></td></tr>
<tr><td>B 材料</td><td></td><td></td><td></td><td></td><td></td><td></td><td></td><td></td><td></td><td></td><td></td></tr>
<tr><td>C 材料</td><td></td><td></td><td></td><td></td><td></td><td></td><td></td><td></td><td></td><td></td><td></td></tr>
<tr><td>D 材料</td><td></td><td></td><td></td><td></td><td></td><td></td><td></td><td></td><td></td><td></td><td></td></tr>
<tr><td>E 材料</td><td></td><td></td><td></td><td></td><td></td><td></td><td></td><td></td><td></td><td></td><td></td></tr>
<tr><td rowspan="2">F 材料</td><td rowspan="2"></td><td></td><td></td><td></td><td></td><td></td><td></td><td></td><td></td><td></td><td></td></tr>
<tr><td></td><td></td><td></td><td></td><td></td><td></td><td></td><td></td><td></td><td></td></tr>
<tr><td>L1 材料</td><td></td><td></td><td></td><td></td><td></td><td></td><td></td><td></td><td></td><td></td><td></td></tr>
<tr><td>L2 材料</td><td></td><td></td><td></td><td></td><td></td><td></td><td></td><td></td><td></td><td></td><td></td></tr>
<tr><td>H1 材料</td><td></td><td></td><td></td><td></td><td></td><td></td><td></td><td></td><td></td><td></td><td></td></tr>
<tr><td>H2 材料</td><td></td><td></td><td></td><td></td><td></td><td></td><td></td><td></td><td></td><td></td><td></td></tr>
<tr><td>M 材料</td><td></td><td></td><td></td><td></td><td></td><td></td><td></td><td></td><td></td><td></td><td></td></tr>
<tr><td>合计</td><td></td><td></td><td></td><td></td><td></td><td></td><td></td><td></td><td></td><td></td><td></td></tr>
</table>

（2）根据材料费用分配表编制转账凭证，如表 10-3 所示。

表 10-3 转账凭证

20××年 9 月 30 日 转字第 1 号

摘要	总账科目	明细科目	借方金额	贷方金额	记账符号

续表

摘要	总账科目	明细科目	借方金额	贷方金额	记账符号
合　计					

会计主管：　　　　复核：　　　　记账：　　　　审核：×××　　　　制单：×××

第 2 步：人工费用的归集和分配。

（1）根据资料中的定额工时编制工资费用分配表，如表 10-4 所示。

表 10-4　　　　工资费用分配表

部门、用途		直接计入（元）	分配计入			合计（元）
			定额工时（小时）	分配率	金额（元）	
铸造车间	甲产品					
	乙产品					
	小计					
	管理人员					
机械加工车间	甲产品					
	乙产品					
	小计					
	管理人员					
装配车间	甲产品					
	乙产品					
	小计					
	管理人员					
辅助车间	机修车间					
	配电车间					
厂部						
合计						

（2）根据工资费用分配表编制转账凭证，如表 10-5 所示。

表 10-5　　　　转账凭证

20××年 9 月 30 日　　　　转字第 2 号

摘要	总账科目	明细科目	借方金额	贷方金额	记账符号	
合　计						

会计主管：　　复核：　　记账：　　审核：×××　　制单：×××

第 3 步：外购动力费用的归集和分配。

（1）编制水费分配表，如表 10-6 所示。

表 10-6　　　　外购动力费用分配表-水费

20××年 9 月 30 日

应借账户		成本或费用项目	分配标准（米^3）	分配率	分配金额(元)
制造费用	铸造车间				
	机械加工车间				
	装配车间				
辅助生产成本	机修车间				
	配电车间				
管理费用	厂部				
合计					

根据水费分配表编制转账凭证，如表 10-7 所示。

表 10-7　　　　转账凭证

20××年 9 月 30 日　　　　转字第 3 号

摘要	总账科目	明细科目	借方金额	贷方金额	记账符号	
合　计						

会计主管：　　复核：　　记账：　　审核：×××　　制单：×××

（2）编制电费转账凭证，如表 10-8 所示。

表 10-8　　转账凭证

20××年 9 月 30 日　　转字第 4 号

摘要	总账科目	明细科目	借方金额	贷方金额	记账符号
合　计					

会计主管：　复核：　记账：　审核：×××　制单：×××

第 4 步：折旧费用的归集和分配。

（1）编制固定资产折旧计算表，如表 10-9 所示。

表 10-9　　固定资产折旧计算表

20××年 9 月 30 日　　单位：元

固定资产类别	月折旧率（%）	铸造车间		机械加工车间		装配车间	
		原值	月折旧额	原值	月折旧额	原值	月折旧额
房屋及建筑物							
机器设备							
其他							
合计							

固定资产类别	月折旧率（%）	机修车间		配电车间		厂部	
		原值	月折旧额	原值	月折旧额	原值	月折旧额
房屋及建筑物							
机器设备							
其他							
合计							

（2）根据固定资产折旧计算表编制转账凭证，如表 10-10 所示。

表 10-10　　转账凭证

20××年 9 月 30 日　　转字第 5 号

摘要	总账科目	明细科目	借方金额	贷方金额	记账符号
合　计					

会计主管：　复核：　记账：　审核：×××　制单：×××

第 5 步：辅助生产费用的归集和分配。

（1）归集辅助生产费用。月末，会计部门将各部门本月发生的生产和管理费用归集分配完成后，汇总登记“辅助生产成本”明细账，如表 10-11 和表 10-12 所示。

表 10-11　　“辅助生产成本”明细账

车间名称：机修车间
产品（劳务）：维修

20××年		凭证号数		摘要	借方	原材料	工资	水费	折旧费		
月	日	字	号								

表 10-12　　“辅助生产成本”明细账

车间名称：配电车间
产品（劳务）：供电

20××年		凭证号数		摘要	借方	工资	水费	电费	折旧费		
月	日	字	号								

（2）用交互分配法分配辅助生产费用，如表 10-13 所示。

表 10-13　　　　　　　　辅助生产费用分配表（交互分配法）

20××年 9 月 30 日

项目			交互分配			对外分配			产品分配		
辅助生产部门名称			机修车间	配电车间	合计	机修车间	配电车间	合计	工时定额	分配率	分配金额
辅助生产费用总额											
劳务供应总量											
分配率											
受益部门	机修车间	耗用劳务量									
		应分配金额									
	配电车间	耗用劳务量									
		应分配金额									
受益部门	铸造车间生产耗用	耗用劳务量									
		应分配金额									
	甲产品										
	乙产品										
	铸造车间一般耗用	耗用劳务量									
		应分配金额									
	机械加工车间生产耗用	耗用劳务量									
		应分配金额									
	甲产品										
	乙产品										
	机械加工车间一般耗用	耗用劳务量									
		应分配金额									
	装配车间生产耗用	耗用劳务量									
		应分配金额									
	甲产品										
	乙产品										
	装配车间一般耗用	耗用劳务量									
		应分配金额									
	管理部门	耗用劳务量									
		应分配金额									
	分配费用合计										

（3）编制转账凭证，如表 10-14 和表 10-15 所示。

表 10-14 转账凭证

20××年 9 月 30 日 转字第 6 号

摘要	总账科目	明细科目	借方金额	贷方金额	记账符号	
合　计						

会计主管： 复核： 记账： 审核：××× 制单：×××

表 10-15 转账凭证

20××年 9 月 30 日 转字第 7 号

摘要	总账科目	明细科目	借方金额	贷方金额	记账符号	
合　计						

会计主管： 复核： 记账： 审核：××× 制单：×××

（4）分配后，继续登记“辅助生产成本”明细账，如表 10-16 和表 10-17 所示。

表 10-16 “辅助生产成本”明细账

车间名称：机修车间

产品（劳务）：维修

20××年		凭证号数		摘要	借方	原材料	工资	水费	折旧费	辅助生产成本转入	辅助生产成本转出
月	日	字	号								

表 10-17　　　　　　　　　　　　　“辅助生产成本”明细账

车间名称：配电车间

产品（劳务）：供电

20××年		凭证号数		摘要	借方	工资	水费	电费	折旧费	辅助生产成本转入	辅助生产成本转出
月	日	字	号								

第 6 步：制造费用的归集和分配。

（1）归集制造费用。月末，会计部门将各部门、各基本车间、各辅助车间本月发生的生产和管理费用归集和分配完成后，汇总登记“制造费用”明细账，如表 10-18～表 10-20 所示。

表 10-18　　　　　　　　　　　　　“制造费用”明细账

车间名称：铸造车间

20××年		凭证号数		摘要	借方	职工薪酬	水费	折旧费	辅助生产成本转入
月	日	字	号						

表 10-19　　　　　　　　　　　　　“制造费用”明细账

车间名称：机械加工车间

20××年		凭证号数		摘要	借方	职工薪酬	水费	折旧费	辅助生产成本转入
月	日	字	号						

表 10-20 “制造费用”明细账

车间名称：装配车间

20××年		凭证号数		摘要	借方	职工薪酬	水费	折旧费	辅助生产成本转入
月	日	字	号						

（2）分配制造费用，如表 10-21 所示。

表 10-21 制造费用分配表

20××年 9 月

生产车间		生产工时（小时）	分配率	分配金额（元）
铸造车间	甲产品			
	乙产品			
	小计			
机械加工车间	甲产品			
	乙产品			
	小计			
装配车间	甲产品			
	乙产品			
	小计			
合计				

（3）编制转账凭证，如表 10-22 所示。

表 10-22 转账凭证

20××年 9 月 30 日 转字第 8 号

摘要	总账科目	明细科目	借方金额	贷方金额	记账符号	
合 计						

会计主管： 复核： 记账： 审核：××× 制单：×××

（4）分配后，继续登记“制造费用”明细账，如表10-23～表10-25所示。

表10-23　　“制造费用”明细账

车间名称：铸造车间

20××年		凭证号数		摘要	借方	职工薪酬	水费	折旧费	辅助生产成本转入
月	日	字	号						

表10-24　　“制造费用”明细账

车间名称：机械加工车间

20××年		凭证号数		摘要	借方	职工薪酬	水费	折旧费	辅助生产成本转入
月	日	字	号						

表10-25　　“制造费用”明细账

车间名称：装配车间

20××年		凭证号数		摘要	借方	职工薪酬	水费	折旧费	辅助生产成本转入
月	日	字	号						

第 7 步：生产费用的归集和分配。

1. 铸造车间生产费用的归集和分配

（1）生产费用的归集。

① 甲产品生产费用的归集如表 10-26 所示。

表 10-26　　　　“基本生产成本”明细账

车间：铸造车间

产品名称：甲产品

20××年		凭证号数		摘要	借方	成本项目			
月	日	字	号			直接材料	直接人工	燃料及动力	制造费用

② 乙产品生产费用的归集如表 10-27 所示。

表 10-27　　　　“基本生产成本”明细账

车间：铸造车间

产品名称：乙产品

20××年		凭证号数		摘要	借方	成本项目			
月	日	字	号			直接材料	直接人工	燃料及动力	制造费用

（2）生产费用的分配。

① 甲产品生产费用的分配如表 10-28 所示。

表 10-28　　完工半成品和在产品成本计算表

车间：铸造车间　　完工产品：　件　　投料方式：
产品名称：甲产品　　在产品：　件　　完工程度：

摘要	成本项目				合计
	直接材料	直接人工	燃料及动力	制造费用	
期初余额（元）					
本月发生生产费用（元）					
本月生产费用累计（元）					
在产品约当产量（件）					
完工产品产量（件）					
分配率					
完工半成品成本（元）					
月末在产品成本（元）					

结转完工半成品成本，编制转账凭证，如表 10-29 所示。

表 10-29　　转账凭证

20××年 9 月 30 日　　转字第 9 号

摘要	总账科目	明细科目	借方金额	贷方金额	记账符号	
合　计						

会计主管：　复核：　记账：　审核：×××　制单：×××

继续登记“生产成本”明细账，如表 10-30 所示。

表 10-30　　“基本生产成本”明细账

车间：铸造车间
产品名称：甲产品

20××年		凭证号数		摘要	借方	成本项目			
月	日	字	号			直接材料	直接人工	燃料及动力	制造费用

② 乙产品生产费用的分配如表 10-31 所示。

表 10-31　　完工半成品和在产品成本计算表

车间：铸造车间　　完工产品：　件　　投料方式：
产品名称：乙产品　　在产品：　件　　完工程度：

摘要	成本项目				合计
	直接材料	直接人工	燃料及动力	制造费用	
期初余额（元）					
本月发生生产费用（元）					
本月生产费用累计（元）					
在产品约当产量（件）					
完工产品产量（件）					
分配率					
完工半成品成本（元）					
月末在产品成本（元）					

结转完工半成品成本，编制转账凭证，如表 10-32 所示。

表 10-32　　转账凭证

20××年 9 月 30 日　　转字第 10 号

摘要	总账科目	明细科目	借方金额	贷方金额	记账符号	
合　计						

会计主管：　复核：　记账：　审核：×××　制单：×××

继续登记“生产成本”明细账，如表 10-33 所示。

表 10-33　　“基本生产成本”明细账

车间：铸造车间
产品名称：乙产品

20××年		凭证号数		摘要	借方	成本项目			
月	日	字	号			直接材料	直接人工	燃料及动力	制造费用

2. 机械加工车间生产费用的归集和分配

（1）生产费用的归集。

① 甲产品生产费用的归集如表 10-34 所示。

表 10-34　　　　“基本生产成本”明细账

车间：机械加工车间

产品名称：甲产品

20××年		凭证号数		摘要	借方	成本项目			
月	日	字	号			直接材料	直接人工	燃料及动力	制造费用

② 乙产品生产费用的归集如表 10-35 所示。

表 10-35　　　　“基本生产成本”明细账

车间：机械加工车间

产品名称：乙产品

20××年		凭证号数		摘要	借方	成本项目			
月	日	字	号			直接材料	直接人工	燃料及动力	制造费用

（2）生产费用的分配。

① 甲产品生产费用的分配如表 10-36 所示。

表 10-36　　完工半成品和在产品成本计算表

车间：机械加工车间　　完工产品：　件　　投料方式：

产品名称：甲产品　　在产品：　件　　完工程度：

摘要	成本项目				合计
	直接材料	直接人工	燃料及动力	制造费用	
期初余额（元）					
本月发生生产费用（元）					
本月生产费用累计（元）					
在产品约当产量（件）					
完工产品产量（件）					
分配率					
完工半成品成本（元）					
月末在产品成本（元）					

结转完工半成品成本，编制转账凭证，如表 10-37 所示。

表 10-37　　转账凭证

20××年 9 月 30 日　　转字第 11 号

摘要	总账科目	明细科目	借方金额	贷方金额	记账符号	
合　计						

会计主管：　　复核：　　记账：　　审核：×××　　制单：×××

继续登记“生产成本”明细账，如表 10-38 所示。

表 10-38　　“基本生产成本”明细账

车间：机械加工车间

产品名称：甲产品

20××年		凭证号数		摘要	借方	成本项目			
月	日	字	号			直接材料	直接人工	燃料及动力	制造费用

② 乙产品生产费用的分配如表 10-39 所示。

表 10-39　　完工半成品和在产品成本计算表

车间：机械加工车间　　完工产品：　件　　投料方式：
产品名称：乙产品　　在产品：　件　　完工程度：

摘要	成本项目				合计
	直接材料	直接人工	燃料及动力	制造费用	
期初余额（元）					
本月发生生产费用（元）					
本月生产费用累计（元）					
在产品约当产量（件）					
完工产品产量（件）					
分配率					
完工半成品成本（元）					
月末在产品成本（元）					

结转完工半成品成本，编制转账凭证，如表 10-40 所示。

表 10-40　　转账凭证

20××年 9 月 30 日　　转字第 12 号

摘要	总账科目	明细科目	借方金额	贷方金额	记账符号
	合　计				

会计主管：　复核：　记账：　审核：×××　制单：×××

继续登记“生产成本”明细账，如表 10-41 所示。

表 10-41　　“基本生产成本”明细账

车间：机械加工车间
产品名称：乙产品

20××年		凭证号数		摘要	借方	成本项目			
月	日	字	号			直接材料	直接人工	燃料及动力	制造费用

3. 装配车间生产费用的归集和分配

（1）生产费用的归集。

① 甲产品生产费用的归集如表10-42所示。

表10-42　“基本生产成本”明细账

车间：装配车间

产品名称：甲产品

20××年		凭证号数		摘要	借方	成本项目			
月	日	字	号			直接材料	直接人工	燃料及动力	制造费用

② 乙产品生产费用的归集如表10-43所示。

表10-43　“基本生产成本”明细账

车间：装配车间

产品名称：乙产品

20××年		凭证号数		摘要	借方	成本项目			
月	日	字	号			直接材料	直接人工	燃料及动力	制造费用

（2）生产费用的分配。

① 甲产品生产费用的分配如表10-44所示。

表10-44　完工产品和在产品成本计算表

车间：装配车间　　完工产品：　件　　投料方式：

产品名称：甲产品　　在产品：　件　　完工程度：

摘要	成本项目				合计
	直接材料	直接人工	燃料及动力	制造费用	
期初余额（元）					
本月发生生产费用（元）					
本月生产费用累计（元）					

续表

摘要	成本项目				合计
	直接材料	直接人工	燃料及动力	制造费用	
在产品约当产量（件）					
完工产品产量（件）					
分配率					
完工产品成本（元）					
月末在产品成本（元）					

② 乙产品生产费用的分配如表 10-45 所示。

表 10-45　　完工产品和在产品成本计算表

车间：装配车间　　完工产品：　件　　投料方式：一次投料

产品名称：乙产品　　在产品：　件　　完工程度：

摘要	成本项目				合计
	直接材料	直接人工	燃料及动力	制造费用	
期初余额（元）					
本月发生生产费用（元）					
本月生产费用累计（元）					
在产品约当产量（件）					
完工产品产量（件）					
分配率					
完工产品成本（元）					
月末在产品成本（元）					

③ 编制产品成本汇总表，如表 10-46 所示。

表 10-46　　产品成本汇总表

单位名称：亚丰公司　　20××年 9 月　　单位：元

产品名称	成本	产量（件）	直接材料	直接人工	燃料及动力	制造费用	合计
甲产品	总成本						
	单位成本						
乙产品	总成本						
	单位成本						

④ 结转完工产品成本，根据产品成本汇总表编制转账凭证，如表 10-47 和表 10-48 所示。

表 10-47　　转账凭证

20××年 9 月 30 日　　转字第 13 号

摘要	总账科目	明细科目	借方金额	贷方金额	记账符号
合　计					

会计主管：　　复核：　　记账：　　审核：×××　　制单：×××

表 10-48　　　　转账凭证

20××年 9 月 30 日　　　　转字第 14 号

摘要	总账科目	明细科目	借方金额	贷方金额	记账符号	
合　计						

会计主管：　　复核：　　记账：　　审核：×××　　制单：×××

⑤ 继续登记“生产成本”明细账，如表 10-49 和表 10-50 所示。

表 10-49　　　　“基本生产成本”明细账

车间：装配车间

产品名称：甲产品

20××年		凭证号数		摘要	借方	成本项目			
月	日	字	号			直接材料	直接人工	燃料及动力	制造费用

表 10-50　　　　“基本生产成本”明细账

车间：装配车间

产品名称：乙产品

20××年		凭证号数		摘要	借方	成本项目			
月	日	字	号			直接材料	直接人工	燃料及动力	制造费用

实训十一 产品成本核算的基本方法——逐步综合结转分步法

实训资料

继实训十相关资料。

实训要求

（1）根据生产特点，该企业管理上要求计算半成品成本，各车间生产完工的半成品都供本企业继续加工，请用逐步综合结转分步法计算产品成本，进行账务处理，登记“基本生产成本”明细账。

（2）采用成本项目比重还原法进行成本还原（比重保留三位小数）。

（3）采用还原分配率法进行成本还原（还原分配率保留三位小数）。

实训操作

一、采用逐步综合结转分步法计算产品成本

第 **1** 步至第 **6** 步的计算过程与实训十相同。

第 **7** 步：生产费用的归集和分配。

1. 铸造车间生产费用的归集和分配

（1）生产费用的归集。

① 甲产品生产费用的归集如表 11-1 所示。

表 11-1　　　　　　　　　　　　　“基本生产成本”明细账

车间：铸造车间

产品名称：乙产品

20××年		凭证号数		摘要	借方	成本项目			
						直接材料	直接人工	燃料及动力	制造费用
月	日	字	号						

② 乙产品生产费用的归集如表 11-2 所示。

表 11-2　　　　　　　　　　　　　“基本生产成本”明细账

车间：铸造车间

产品名称：乙产品

20××年		凭证号数		摘要	借方	成本项目			
						直接材料	直接人工	燃料及动力	制造费用
月	日	字	号						

（2）生产费用的分配。

① 甲产品生产费用的分配如表 11-3 所示。

表 11-3　　　　　　　　　　完工半成品和在产品成本计算表

车间：铸造车间　　　　　　　　完工产品：　件　　　　　　投料方式：

产品名称：甲产品　　　　　　　在产品：　件　　　　　　　完工程度：

摘要	成本项目				合计
	直接材料	直接人工	燃料及动力	制造费用	
期初余额（元）					
本月发生生产费用（元）					

续表

摘要	成本项目				合计
	直接材料	直接人工	燃料及动力	制造费用	
本月生产费用累计（元）					
在产品约当产量（件）					
完工产品产量（件）					
分配率					
完工半成品成本（元）					
月末在产品成本（元）					

结转完工半成品成本，编制转账凭证，如表11-4所示。

表11-4　　转账凭证

20××年9月30日　　转字第9号

摘要	总账科目	明细科目	借方金额	贷方金额	记账符号

会计主管：　　复核：　　记账：　　审核：×××　　制单：×××

继续登记"生产成本"明细账，如表11-5所示。

表11-5　　"基本生产成本"明细账

车间：铸造车间

产品名称：甲产品

20××年		凭证号数		摘要	借方	成本项目			
月	日	字	号			直接材料	直接人工	燃料及动力	制造费用

② 乙产品生产费用的分配如表11-6所示。

表 11-6　　完工半成品和在产品成本计算表

车间：铸造车间　　完工产品：　件　　投料方式：

产品名称：乙产品　　在产品：　件　　完工程度：

摘要	成本项目				合计
	直接材料	直接人工	燃料及动力	制造费用	
期初余额（元）					
本月发生生产费用（元）					
本月生产费用累计（元）					
在产品约当产量（件）					
完工产品产量（件）					
分配率					
完工半成品成本（元）					
月末在产品成本（元）					

结转完工半成品成本，编制转账凭证，如表 11-7 所示。

表 11-7　　转账凭证

20××年 9 月 30 日　　转字第 10 号

摘要	总账科目	明细科目	借方金额	贷方金额	记账符号

会计主管：　　复核：　　记账：　　审核：×××　　制单：×××

继续登记“生产成本”明细账，如表 10-8 所示。

表 11-8　　“基本生产成本”明细账

车间：铸造车间

产品名称：乙产品

20××年		凭证号数		摘要	借方	成本项目			
						直接材料	直接人工	燃料及动力	制造费用
月	日	字	号						

2. 机械加工车间生产费用的归集和分配

（1）生产费用的归集。

① 甲产品生产费用的归集如表 11-9 所示。

表 11-9 “基本生产成本”明细账

车间：机械加工车间

产品名称：甲产品

20××年		凭证号数		摘要	借方	成本项目				
月	日	字	号			半成品	直接材料	直接人工	燃料及动力	制造费用

② 乙产品生产费用的归集如表 11-10 所示。

表 11-10 “基本生产成本”明细账

车间：机械加工车间

产品名称：乙产品

20××年		凭证号数		摘要	借方	成本项目				
月	日	字	号			半成品	直接材料	直接人工	燃料及动力	制造费用

（2）生产费用的分配。

① 甲产品生产费用的分配如表 11-11 所示。

表 11-11　　完工半成品和在产品成本计算表

车间：机械加工车间　　完工产品：　件　　投料方式：
产品名称：甲产品　　在产品：　件　　完工程度：

摘要	成本项目					合计
	半成品	直接材料	直接人工	燃料及动力	制造费用	
期初余额（元）						
本月生产费用（元）						
生产费用累计（元）						
在产品约当产量（件）						
完工产品产量（件）						
分配率						
完工半成品成本（元）						
月末在产品成本（元）						

结转完工半成品成本，编制转账凭证，如表 11-12 所示。

表 11-12　　转账凭证

20××年 9 月 30 日　　转字第 11 号

摘要	总账科目	明细科目	借方金额	贷方金额	记账符号	
合　计						

会计主管：　复核：　记账：　审核：×××　制单：×××

继续登记“生产成本”明细账，如表 11-13 所示。

表 11-13　　“基本生产成本”明细账

车间：机械加工车间
产品名称：甲产品

20××年		凭证号数		摘要	借方	成本项目				
月	日	字	号			半成品	直接材料	直接人工	燃料及动力	制造费用

② 乙产品生产费用的分配如表 11-14 所示。

表 11-14　　完工半成品和在产品成本计算表

车间：机械加工车间　　完工产品：　件　　投料方式：
产品名称：乙产品　　在产品：　件　　完工程度：

摘要	成本项目					合计
	半成品	直接材料	直接人工	燃料及动力	制造费用	
期初余额（元）						
本月生产费用（元）						
生产费用累计（元）						
在产品约当产量（件）						
完工产品产量（件）						
分配率						
完工半成品成本（元）						
月末在产品成本（元）						

结转完工半成品成本，编制转账凭证，如表 11-15 所示。

表 11-15　　转账凭证

20××年 9 月 30 日　　转字第 12 号

摘要	总账科目	明细科目	借方金额	贷方金额	记账符号
合　计					

会计主管：　复核：　记账：　审核：×××　制单：×××

继续登记“生产成本”明细账，如表 11-16 所示。

表 11-16　　“基本生产成本”明细账

车间：机械加工车间
产品名称：乙产品

20××年		凭证号数		摘要	借方	成本项目				
月	日	字	号			半成品	直接材料	直接人工	燃料及动力	制造费用

3. 装配车间生产费用的归集和分配

（1）生产费用的归集。

① 甲产品生产费用的归集如表 11-17 所示。

表 11-17　　　　“基本生产成本”明细账

车间：装配车间

产品名称：甲产品

20××年		凭证号数		摘要	借方	成本项目				
月	日	字	号			半成品	直接材料	直接人工	燃料及动力	制造费用

② 乙产品生产费用的归集如表 11-18 所示。

表 11-18　　　　“基本生产成本”明细账

车间：装配车间

产品名称：乙产品

20××年		凭证号数		摘要	借方	成本项目				
月	日	字	号			半成品	直接材料	直接人工	燃料及动力	制造费用

（2）生产费用的分配。

① 甲产品生产费用的分配如表 11-19 所示。

表 11-19　　完工产品和在产品成本计算表

车间：装配车间　　完工产品：　件　　投料方式：

产品名称：甲产品　　在产品：　件　　完工程度：

摘要	成本项目					合计
	半成品	直接材料	直接人工	燃料及动力	制造费用	
期初余额（元）						
本月生产费用（元）						
生产费用累计（元）						
在产品约当产量（件）						
完工产品产量（件）						
分配率						
完工产品成本（元）						
月末在产品成本（元）						

结转完工产品成本，编制转账凭证，如表 11-20 所示。

表 11-20　　转账凭证

20××年 9 月 30 日　　转字第 13 号

摘要	总账科目	明细科目	借方金额	贷方金额	记账符号
合　计					

会计主管：　　复核：　　记账：　　审核：×××　　制单：×××

继续登记“生产成本”明细账，如表 11-21 所示。

表 11-21　　“基本生产成本”明细账

车间：装配车间

产品名称：甲产品

20××年		凭证号数		摘要	借方	成本项目				
月	日	字	号			半成品	直接材料	直接人工	燃料及动力	制造费用

② 乙产品生产费用的分配如表 11-22 所示。

表 11-22　　完工产品和在产品成本计算表

车间：装配车间　　完工产品：　件　　投料方式：

产品名称：乙产品　　在产品：　件　　完工程度：

摘要	成本项目					合计
	半成品	直接材料	直接人工	燃料及动力	制造费用	
期初余额（元）						
本月生产费用（元）						
生产费用累计（元）						
在产品约当产量（件）						
完工产品产量（件）						
分配率						
完工产品成本（元）						
月末在产品成本（元）						

结转完工产品成本，编制转账凭证，如表 11-23 所示。

表 11-23　　转账凭证

20××年 9 月 30 日　　转字第 14 号

摘要	总账科目	明细科目	借方金额	贷方金额	记账符号	
合　计						

会计主管：　　复核：　　记账：　　审核：×××　　制单：×××

继续登记“生产成本”明细账，如表 11-24 所示。

表 11-24　　“基本生产成本”明细账

车间：装配车间

产品名称：乙产品

20××年		凭证号数		摘要	借方	成本项目				
月	日	字	号			半成品	直接材料	直接人工	燃料及动力	制造费用

二、采用成本项目比重还原法

计算过程如表 11-25 和表 11-26 所示。

表 11-25　　产品成本还原计算表

（成本项目比重还原法）

产品：甲产品　　完工产品数量：　件　　单位：元

项目	半成品	直接材料	直接人工	燃料及动力	制造费用	合计
还原前完工产品成本						
机械加工车间本月完工						
机械加工车间半成品成本项目比重						
半成品成本—机械加工车间						
铸造车间本月完工						
铸造车间半成品成本项目比重						
半成品成本—铸造车间						
还原后完工产品成本						
还原后产成品单位成本						

表 11-26　　产品成本还原计算表

（成本项目比重还原法）

产品：乙产品　　完工产品数量：　件　　单位：元

项目	半成品	直接材料	直接人工	燃料及动力	制造费用	合计
还原前完工产品成本						
机械加工车间本月完工						
机械加工车间半成品成本项目比重						
半成品成本—机械加工车间						
铸造车间本月完工						
铸造车间半成品成本项目比重						
半成品成本—铸造车间						
还原后完工产品成本						
还原后产成品单位成本						

经过上面的成本还原计算，可以获得甲产品和乙产品按原始成本项目反映的产成品成本资料，编制完工产品成本汇总表，如表 11-27 所示。

表 11-27　　产品成本汇总表

单位名称：亚丰公司　　20××年 9 月　　单位：元

产品名称	成本	产量（件）	直接材料	直接人工	燃料及动力	制造费用	合计
甲产品	总成本						
	单位成本						
乙产品	总成本						
	单位成本						

三、采用还原分配率法

（1）甲产品的成本还原计算如表 11-28 所示。

表 11-28　　产品成本还原计算表

（还原分配率法）

产品：甲产品　　完工产品数量：　　件　　单位：元

项目	还原分配率	半成品	直接材料	直接人工	燃料及动力	制造费用	合计
还原前完工产品成本							
机加工车间本月完工半成品成本							
铸造车间本月完工半成品成本							
还原后完工产品成本							
还原后产成品单位成本							

（2）乙产品的成本还原计算如表 11-29 所示。

表 11-29　　产品成本还原计算表

（还原分配率法）

产品：乙产品　　完工产品数量：　　件　　单位：元

项目	还原分配率	半成品	直接材料	直接人工	燃料及动力	制造费用	合计
还原前完工产品成本							
机加工车间本月完工半成品成本							
铸造车间本月完工半成品成本							
还原后完工产品成本							
还原后产成品单位成本							

经过上面的成本还原计算，可以获得甲产品和乙产品按原始成本项目反映的产成品成本资料，编制完工产品成本汇总表，如表 11-30 所示。

表 11-30　　产品成本汇总表

单位名称：亚丰公司　　20××年 9 月　　单位：元

产品名称	成本	产量（件）	直接材料	直接人工	燃料及动力	制造费用	合计
甲产品	总成本						
	单位成本						
乙产品	总成本						
	单位成本						

实训十二

产品成本核算的基本方法——平行结转分步法

实训资料

继实训十相关资料。

实训要求

根据生产特点，该企业管理上不需要计算半成品成本，请用平行结转分步法计算产品成本，进行账务处理，登记“基本生产成本”明细账。

实训操作

采用平行结转分步法进行生产成本核算程序如下。

第1步至第6步的计算过程与实训十相同。

第7步：生产费用的归集和分配。

1. 铸造车间生产费用的归集和分配

（1）生产费用的归集。

① 甲产品生产费用的归集如表12-1所示。

② 乙产品生产费用的归集如表12-2所示。

（2）生产费用的分配。

① 甲产品生产费用的分配如表12-3所示。

表 12-1　　　　　　　　　　“基本生产成本”明细账

车间：铸造车间

产品名称：甲产品

20××年		凭证号数		摘要	借方	成本项目			
						直接材料	直接人工	燃料及动力	制造费用
月	日	字	号						

表 12-2　　　　　　　　　　“基本生产成本”明细账

车间：铸造车间

产品名称：乙产品

20××年		凭证号数		摘要	借方	成本项目			
						直接材料	直接人工	燃料及动力	制造费用
月	日	字	号						

表 12-3　　　　　　　　　　完工半成品和在产品成本计算表

车间：铸造车间　　　　　　完工产品：　件　　　　　　投料方式：

产品名称：甲产品　　　　　在产品：　件　　　　　　　完工程度：

摘要	成本项目				合计
	直接材料	直接人工	燃料及动力	制造费用	
期初余额（元）					
本月发生生产费用（元）					
本月生产费用累计（元）					
广义在产品约当产量（件）					
完工产品产量（件）					
分配率					
应计入甲产品成本的份额（元）					
月末在产品成本（元）					

② 乙产品生产费用的分配如表 12-4 所示。

表 12-4　　完工半成品和在产品成本计算表

车间：铸造车间　　完工产品：　件　　投料方式：
产品名称：乙产品　　在产品：　件　　完工程度：

摘要	成本项目				合计
	直接材料	直接人工	燃料及动力	制造费用	
期初余额（元）					
本月发生生产费用（元）					
本月生产费用累计（元）					
广义在产品约当产量（件）					
完工产品产量（件）					
分配率					
应计入乙产品的成本份额（元）					
月末在产品成本（元）					

2. 机械加工车间生产费用的归集和分配

（1）生产费用的归集。

① 甲产品生产费用的归集如表 12-5 所示。

表 12-5　　“基本生产成本”明细账

车间：机械加工车间
产品名称：甲产品

20××年		凭证号数		摘要	借方	成本项目			
月	日	字	号			直接材料	直接人工	燃料及动力	制造费用

② 乙产品生产费用的归集如表 12-6 所示。

表 12-6　　“基本生产成本”明细账

车间：机械加工车间
产品名称：乙产品

20××年		凭证号数		摘要	借方	成本项目			
月	日	字	号			直接材料	直接人工	燃料及动力	制造费用

（2）生产费用的分配。

① 甲产品生产费用的分配如表 12-7 所示。

表 12-7　　完工半成品和在产品成本计算表

车间：机械加工车间　　完工产品：　件　　投料方式：
产品名称：甲产品　　在产品：　件　　完工程度：

摘要	成本项目				合计
	直接材料	直接人工	燃料及动力	制造费用	
期初余额（元）					
本月发生生产费用（元）					
本月生产费用累计（元）					
广义在产品约当产量（件）					
完工产品产量（件）					
分配率					
应计入乙产品的成本份额（元）					
月末在产品成本（元）					

② 乙产品生产费用的分配如表 12-8 所示。

表 12-8　　完工半成品和在产品成本计算表

车间：机械加工车间　　完工产品：　件　　投料方式：
产品名称：乙产品　　在产品：　件　　完工程度：

摘要	成本项目				合计
	直接材料	直接人工	燃料及动力	制造费用	
期初余额（元）					
本月生产费用（元）					
生产费用累计（元）					

续表

摘要	成本项目				合计
	直接材料	直接人工	燃料及动力	制造费用	
广义在产品约当产量（件）					
完工产品产量（件）					
分配率					
应计入乙产品的成本份额（元）					
月末在产品成本（元）					

3. 装配车间生产费用的归集和分配

（1）生产费用的归集。

① 甲产品生产费用的归集如表12-9所示。

表12-9　　“基本生产成本”明细账

车间：装配车间

产品名称：甲产品

20××年		凭证号数		摘要	借方	成本项目			
月	日	字	号			直接材料	直接人工	燃料及动力	制造费用

② 乙产品生产费用的归集如表12-10所示。

表12-10　　“基本生产成本”明细账

车间：装配车间

产品名称：乙产品

20××年		凭证号数		摘要	借方	成本项目			
月	日	字	号			直接材料	直接人工	燃料及动力	制造费用

（2）生产费用的分配。

① 甲产品生产费用的分配如表 12-11 所示。

表 12-11　　　　完工产品和在产品成本计算表

车间：装配车间　　　　完工产品：　件　　　　投料方式：

产品名称：甲产品　　　　在产品：　件　　　　完工程度：

摘要	成本项目				合计
	直接材料	直接人工	燃料及动力	制造费用	
期初余额（元）					
本月发生生产费用（元）					
本月生产费用累计（元）					
广义在产品约当产量（件）					
完工产品产量（件）					
分配率					
应计入甲产品的成本份额（元）					
月末在产品成本（元）					

② 乙产品生产费用的分配如表 12-12 所示。

表 12-12　　　　完工产品和在产品成本计算表

车间：装配车间　　　　完工产品：　件　　　　投料方式：

产品名称：乙产品　　　　在产品：　件　　　　完工程度：

摘要	成本项目				合计
	直接材料	直接人工	燃料及动力	制造费用	
期初余额（元）					
本月发生生产费用（元）					
本月生产费用累计（元）					
广义在产品约当产量（件）					
完工产品产量（件）					
分配率					
应计入乙产品的成本份额(元)					
月末在产品成本（元）					

4. 汇总甲产品和乙产品的生产成本

（1）甲产品。

① 编制产品成本汇总表，如表 12-13 所示。

表 12-13　　　　产品成本汇总计算表

产品名称：甲产品　　　　完工产品：　　　　单位：元

项目	直接材料	直接人工	燃料及动力	制造费用	合计
铸造车间计入甲产品成本份额					
机械加工车间计入甲产品成本份额					
装配车间计入甲产品成本份额					
完工产品成本					
单位成本					

② 根据产品成本汇总表编制转账凭证，如表 12-14 所示。

表 12-14　　转账凭证

20××年 9 月 30 日　　转字第 9 号

摘要	总账科目	明细科目	借方金额	贷方金额	记账符号
	合　计				

会计主管：　复核：　记账：　审核：×××　制单：×××

③ 继续登记各车间“生产成本”明细账，如表 12-15～表 12-17 所示。

表 12-15　　“基本生产成本”明细账

车间：铸造车间

产品名称：甲产品

20××年		凭证号数		摘要	借方	成本项目			
						直接材料	直接人工	燃料及动力	制造费用
月	日	字	号						

表 12-16　　“基本生产成本”明细账

车间：机械加工车间

产品名称：甲产品

20××年		凭证号数		摘要	借方	成本项目			
						直接材料	直接人工	燃料及动力	制造费用
月	日	字	号						

表 12-17　　　　"基本生产成本"明细账

车间：装配车间

产品名称：甲产品

20××年		凭证号数		摘要	借方	成本项目			
月	日	字	号			直接材料	直接人工	燃料及动力	制造费用

（2）乙产品。

① 编制产品成本汇总表，如表 12-18 所示。

表 12-18　　　　产品成本汇总计算表

产品名称：乙产品　　　　完工产品：　　　　单位：元

项目	直接材料	直接人工	燃料及动力	制造费用	合计
铸造车间计入乙产品成本份额					
机械加工车间计入乙产品成本份额					
装配车间计入乙产品成本份额					
完工产品成本					
单位成本					

② 根据产品成本汇总表编制转账凭证，如表 12-19 所示。

表 12-19　　　　转账凭证

20××年 9 月 30 日　　　　转字第 10 号

摘要	总账科目	明细科目	借方金额	贷方金额	记账符号	
合　计						

会计主管：　　复核：　　记账：　　审核：×××　　制单：×××

③ 继续登记各车间"生产成本"明细账，如表 12-20～表 12-22 所示。

表 12-20　　　　　　　　　　“基本生产成本”明细账

车间：铸造车间

产品名称：乙产品

20××年		凭证号数		摘要	借方	成本项目			
月	日	字	号			直接材料	直接人工	燃料及动力	制造费用

表 12-21　　　　　　　　　　“基本生产成本”明细账

车间：机械加工车间

产品名称：乙产品

20××年		凭证号数		摘要	借方	成本项目			
月	日	字	号			直接材料	直接人工	燃料及动力	制造费用

表 12-22　　　　　　　　　　“基本生产成本”明细账

车间：装配车间

产品名称：乙产品

20××年		凭证号数		摘要	借方	成本项目			
月	日	字	号			直接材料	直接人工	燃料及动力	制造费用

成本会计与实训

Cost Accounting and Practical Training

教材服务热线：010-81055256

反馈／投稿／推荐信箱：315@ptpress.com.cn

人民邮电出版社教学服务与资源网：www.ptpedu.com.cn

封面设计：董志桢

ISBN 978-7-115-42549-2

定价：39.80元(附小册子)